Fortsetzung auf der 3. Umschlagseite.

Sammlung

Außerdeutscher Strafgesetzbücher

in deutscher Übersetzung.

Herausgegeben von den Schriftleitungen

der

Zeitschrift für die gesamte Strafrechtswissenschaft

und der

Mitteilungen der Internationalen Kriminalistischen Vereinigung.

XXXIII.

Das Alkoholgesetz in Chile vom 18. Januar 1902.

BERLIN 1912.

J. Guttentag, Verlagsbuchhandlung,

G. m. b. H.

Das Alkoholgesetz in Chile

vom 18. Januar 1902.

Übersetzt von

Alfredo Hartwig,

Referendar.

BERLIN 1912.

J. Guttentag, Verlagsbuchhandlung,

G. m. b. H.

Inhaltsangabe.

Erstes Buch.

Titel I.

Über Produktion, Rektifizierung, Denaturierung und Ausschank engros von Alkohol.

Art. 1. Vom Datum der Verkündung des vorstehenden Gesetzes an darf keine Fabrik von Alkohol oder alkoholischen Getränken eingerichtet werden, ohne daß vorher der Verwaltung von Abgaben für Alkohol (Administracion del Impuesto sobre Alcoholes) Mitteilung gemacht worden wäre.

Bereits bestehende Fabriken haben innerhalb des Zeitraumes von dreißig Tagen vom genannten Datum ab Anzeige zu erstatten.

Art. 2. Jede Alkoholfabrik muß eine Marke haben, die gemäß dem Gesetze einzutragen ist.

Neue Fabriken haben die Eintragung vor Beginn der Arbeit herbeizuführen und die bereits bestehenden Fabriken haben sie innerhalb der im Artikel 1 erwähnten Frist zu bewirken.

Art. 3. Der Präsident der Republik kann die Erlaubnis zur Einrichtung von Fabriken verweigern, die zur Produktion von reinem Alkohol zu Trinkzwecken bestimmt sind, oder bereits bestehenden Fabriken den Weiterbetrieb versagen, im Falle die Art des Bottichs oder die benutzten Rektifizierungsapparate nicht genügende Gewähr für die Produktion des Alkohols in der notwendigen Reinheit geben.

Der Präsident der Republik kann verhindern, daß Alkohol aus Substanzen hergestellt wird, welche die Produktion einer guten Qualität nicht gestatten.

Art. 4. Die einheimischen Fabrikanten und Importeure von Bottichen und Destillierapparaten müssen von den Verkäufen, die sie ausführen, der Abgabenverwaltung für Alkohol Anzeige machen und hierbei den Namen und Wohnort des Käufers angeben.

Art. 5. Die Fabrikanten und Destillateure, Engros-Kaufleute und Importeure von Alkoholen oder alkoholischen Getränken, müssen sich in die Register der Abgabenverwaltung für Alkohole einschreiben und die Erklärungen leisten, die in Artikel 6 verlangt werden; ohne diese Erfordernisse können die Besitzer ihre Industrie oder Beschäftigung während des folgenden Jahres nicht ausüben.

Art. 6. Die im vorigen Artikel erforderliche Eintragung hat im Januar jeden Jahres zu geschehen.

Im Momente der Eintragung haben die Fabrikanten oder Destillateure in den Formularen, die ihnen zu diesem Zwecke von der Abgabenverwaltung für Alkohole überreicht werden, Aufklärung zu geben über:

1. die Lage der Fabrik oder Destillation, wobei zum Ausdrucke zu kommen hat, ob es sich um einen landwirtschaftlichen oder industriellen Betrieb handelt, ob dieser zur Produktion von reinem Alkohol zu Getränkszwecken oder unreinem Alkohol zu industriellen Zwecken oder zur Rektifizierung in einer anderen Fabrik bestimmt ist;
2. Zahl, Inhalt und Gebrauch der Bottiche, Gärungsanlagen, Gefäße und sonstigen benutzten Apparate, sowie Namen der Herstellungsfabrik derselben;
3. die Produktion des Vorjahres sowie den Voranschlag für das folgende Jahr;
4. die benutzten Rohstoffe, sowie die zur Destillierung benutzten Verfahren;
5. die Mengen von Alkoholen oder alkoholischen Getränken, die sie in den ihnen gehörigen Etablissements in Depot haben;
6. die Form, in der sie während des Jahres vor der Eintragung den Engros-Verkauf vorgenommen haben, wobei die benutzte vasija anzugeben ist;
7. die Mengen von Alkoholen und alkoholischen Getränken, die im Vorjahre ausgeführt oder eingeführt sind, sowie diejenigen, welche voraussichtlich im Jahre der Eintragung ausgeführt oder eingeführt werden;
8. die Quantitäten von Alkohol, die für industrielle oder häusliche Zwecke verkauft sind.

Engros-Kaufleute und Importeure haben die in den Nummern 1, 5 und 7 geforderten Erklärungen abzugeben.

Art. 7. Die Abgabenverwaltung für Alkohole kann durch ihre Abgesandten oder Inspektoren die Wahrheit der in Ansehung des vorigen Artikels abgegebenen Erklärungen nachprüfen.

Art. 8. Dieselbe Behörde hat jährlich Namen und Wohnort eines jeden Produzenten oder Engros-Kaufmanns zu veröffentlichen, die, weil sie sich in die betreffenden Register eingetragen haben, zum Vertrieb von Alkoholen oder alkoholischen Getränken ermächtigt sind.

Art. 9. Für die Zwecke des vorliegenden Gesetzes sind als „alkoholische" Getränke diejenigen anzusehen, welche 16^0 Alkohol oder mehr nach dem Alkoholometer Gay-Lussac bei einer Temperatur von 15 Centigraden aufweisen.

So oft das Gesetz von „Alkoholen" spricht, sind die alkoholischen Getränke mit als einbezogen anzusehen.

Art. 10. Verboten ist für Trinkzwecke die Einfuhr oder der Verkauf von jedwedem Alkohol, der nicht äthylisch oder von Trauben ist, sowie von alkoholischen Getränken, welche diesen Alkohol nicht als Basis haben.

Art. 11. Alkohole oder alkoholische Getränke, die eine größere als die erlaubte Menge von Unreinlichkeiten haben, sind zu denaturieren, um lediglich zu industriellen Zwecken verwendet zu werden.

Art. 12. Verboten ist in gleicher Weise der Gebrauch von Alkohol mit unreinen Materien, zum Alkoholisieren von Weinen oder zur Herstellung irgend sonst einer andern Art von Getränken, Medikamenten oder Nahrungsmitteln.

Art. 13. Der Präsident der Republik hat nach vorheriger Information des höheren Gesundheitsrates sowie der Abgabenverwaltung für Alkohole sowie sonstiger geeignet erscheinender Stellen, zu bestimmen:

1. Das Verhältnis von Unreinigkeiten, die in Alkoholen, Branntweinen oder sprithaltigen Likören, die zum Trinken bestimmt sind, gestattet werden sollen;
2. die toxischen oder schädlichen Substanzen, die von der Fabrikation oder Herstellung von alkoholischen Getränken auszuschließen sind;
3. die Untersuchungsmethoden, welche von der Abgabenverwaltung für Alkohole seitens der Laboratorien des öffentlichen Hygiene-Institutes oder seitens ähnlicher städtischer Anstalten anzuwenden sind;
4. die Herstellungsarten und Substanzen, die bei der Denaturierung des zu wissenschaftlichen, industriellen oder häuslichen Zwecken bestimmten Alkohols anzuwenden sind.

Art. 14. Alkohol, der ein höheres Verhältnis von Unreinigkeiten aufweist, als offiziell gestattet ist. darf weder die Fabriken noch die Zollämter verlassen, falls er nicht in der vom Präsidenten der Republik bestimmten Form denaturiert ist, nach vorheriger Information des höheren Gesundheitsrates.

Art. 15. Substanzen, die zur Denaturierung des Alkohols benutzt werden, sind vom Eigentümer dieses zu verschaffen.

Art. 16. Verboten ist, denaturierten Alkohol von neuem zu rektifizieren.

Art. 17. Alkohol, der unrein ist und ohne eine diesbezügliche Bemerkung die Fabrik verläßt oder der einen niederen Grad von Unreinigkeiten angibt, als er tatsächlich besitzt und gestattet ist, um trinkbar zu sein, ist zu konfiszieren und der Fabrikant ist mit denjenigen Strafen zu belegen, welche das Strafgesetzbuch denen androht, die der Gesundheit schädliche Stoffe verkaufen.

Art. 18. Die Fabrikanten sind verpflichtet, jeder Person, die Alkohole oder alkoholische Getränke verkauft, eine Bescheinigung zu geben, worin die Anzahl der verkauften Liter; der Stoff, aus welchem der Alkohol gezogen ist, seine alkoholischen Grade und der Betrag pro Mille der Unreinigkeiten, die er enthält, zu vermerken ist.

Art. 19. Jede Person, die Alkohol en gros oder en detail verkauft, ist verpflichtet, diese Bescheinigung bereit zu halten und angeschlagen an einem öffentlich zugänglichen Orte ihres Verkaufsladens aufzubewahren, in der von der Behörde vorgeschriebenen Form.

Art. 20. Gleiche Verpflichtung haben diejenigen Personen, welche Alkohol benutzen, um Getränke zu bereiten, Medikamente, Früchte in Konserven oder irgend ein anderes zur Ernährung oder zum Getränk bestimmtes Präparat.

Art. 21. Jeder Fabrikant ist verpflichtet, bevor er den Alkohol verkauft, von dem zuständigen Beamten die Prüfung über die Rektifizierung des Alkohols zum Gebrauche zu erbitten.

Art. 22. Die Prüfung hat in der Form zu erfolgen, welche der Präsident der Republik nach vorheriger Berichterstattung des höheren Gesundheitsrates sowie der Abgabenverwaltung für Alkohole, bestimmen wird.

Art. 23. Der Beamte, welcher die Prüfung vornimmt, ist verflichtet, dem Fabrikanten eine Bescheinigung der Rektifizierung zu geben, unter Bezeichnung der im Artikel 18 angegebenen Daten.

Art. 24. Der als „rein" anerkannte Alkohol ist in Behältern aufzubewahren, auf denen die Bescheinigung der Prüfung an einem für die Käufer sichtbaren Platze anzubringen ist.

Art. 25. Der Beamte, welcher die Prüfung vornimmt, hat den Alkohol zu denaturieren, der eine Menge von Unreinigkeiten enthält, die größer wie die erlaubte ist, und in seiner Gegenwart ist der unreine Alkohol in besondere Gefäße zu tun, welche mit großen Buchstaben das Schild tragen müssen: „Denaturierter Alkohol". An diesem Gefäße ist das Zeugnis anzubringen, auf welches sich der vorige Artikel bezieht.

Art. 26. Jede Person, welche denaturierten Alkohol für den Ausschank verkauft, ist verpflichtet, in ihrem Besitze ein Zeugnis des Fabrikanten zu haben, von dem sie den Alkohol gekauft hat, wobei der Alkoholgrad, der Stoff, mit dem die Denaturierung vorgenommen ist, angegeben sein müssen, sowie der Prozentsatz, den er davon enthält.

Art. 27. Die Apotheker und Drogisten sind verpflichtet, in ihrem Besitze ein Zeugnis des Fabrikanten, Agenten oder Kaufmanns zu haben, von denen sie den Alkohol kaufen, um die Medikamente oder anderen Präparate zu innerem Gebrauche herzustellen.

Alkohol zum Brennen oder zu äußerlichen Zwecken ist in einem besonderen Gefäß aufbewahrt zu halten, welches folgendes gemalte Schild aufweisen muß: „Denaturierter Alkohol".

Art. 28. Alle Gefäße, in denen die Fabriken Alkohol verkaufen, müssen ihre registrierte Marke tragen und außerdem die Alkoholgrade und den Betrag pro Mille von unreinen Materien, die in ihnen enthalten sind.

Art. 29. Außer der Marke und der Gradbezeichnung muß der denaturierte Alkohol in großen Buchstaben die Worte „Denaturierter Alkohol" aufweisen.

Art. 30. Jeder Fabrikant, der nichtrektifizierten Alkohol als reinen verkauft, ist in Ansehung der Vorschriften in den Artikeln 313 ff. des Strafgesetzbuches zu bestrafen, wobei das Gefängnis im Verhältnis von fünf pesos für jeden Tag umgewandelt werden kann; außerdem wird der verkaufte Alkohol konfisziert.

Art. 31. Den Strafen des vorhergehenden Artikels soll jede Person verfallen, die als trinkbar einen Alkohol verkauft, von dem sie weiß, daß er unrein ist oder es wenigstens mit einiger Sorgfalt hätte wissen müssen.

Titel II.

Vom Rechnungswesen.

Art. 32. Jeder Fabrikant von Alkohol muß in spanischer Sprache folgende Bücher führen, gebunden, mit Seitenzahlen versehen und von dem betreffenden Inspektor rubriziert:

1. Eine Kladde über alle und jede der Materien, die zur Herstellung des Alkohols verwendet worden sind;
2. Eine Kladde über Produktion und Ausschank des verarbeiteten Alkohols.
3. Hauptbücher, Bilanzbücher und Korrespondenzbücher, wie sie in Artikel 25 des Handelsgesetzbuches vorgeschrieben sind.

Die landwirtschaftlichen Destillateure haben die in den Nummern 1 und 2 bestimmten Bücher zu führen.

Art. 33. Die vorstehenden Bücher sind in der Form zu führen, welche der Präsident der Republik festsetzt; sie stehen zur Verfügung der entsprechenden fiskalischen Beamten und dienen als Beweismittel in Zweifelsfällen hinsichtlich der Quantität Alkohol, die durch die mechanischen Zählapparate angezeigt ist.

Titel III.

Über die Abgaben.

Art. 34. Auf die Herstellung des Alkohols wird eine fiskalische Abgabe entrichtet, die der absoluten Alkoholmenge in folgender Form angepaßt wird:

a) in gewerblichen Destillerien hergestellte Alkohole zahlen eine Abgabe von fünfzig Centavos pro Liter absoluten Alkohols oder von hundert Graden Gay-Lussac. Diese Abgabe wird jährlich um zehn Centavos erhöht, bis sie einen peso für jeden Liter erreicht.

b) Alkohole, die in ländlichen Destillerien hergestellt sind, worunter diejenigen zu verstehen sind, die lediglich die Produkte der Weintrauben destillieren, zahlen eine Abgabe von vierzig Centavos für jeden Liter absoluten Alkohols oder von hundert Graden Gay-Lussac, falls jene aus den Überresten der Weinfabrikation destilliert werden; und von dreißig Centavos, wenn sie vom Wein selbst gezogen sind, von chichas*) oder aus den Überresten, die von den Waschungen der Trester kommen.

Diese Abgabe ist jährlich um zehn Centavos zu steigern, bis sie einen peso erreicht.

Art. 35. Die Abgabe für die industriellen Fabriken ist für diejenige Quantität Alkohol zu erheben, welche die mechanischen Zählapparate anzeigen, mit denen alle alambiques in der in den folgenden Artikeln festgesetzten Form versehen sein müssen.

Art. 36. Der Präsident der Republik hat eine Frist zu bestimmen, die neunzig Tage nicht überschreitet, damit alle Fabrikanten von industriellem Alkohol an ihren Bottichen mechanische Zähler anbringen, welche fortlaufende sein müssen, um die Menge des produzierten Alkohols zu beweisen; er hat zu bestimmen, von welcher Art dieselben sein müssen und in welcher Form sie anzubringen sind.

Art. 37. Jede Fabrik ist zu stoppen, die sich innerhalb des im vorigen Artikel festgesetzten Zeitraumes nicht mit einem mechanischen Zähler versieht.

Der unter Übertretung des vorliegenden Artikels hergestellte Alkohol ist als Alkohol verbotener Herkunft anzusehen und zu konfiszieren, unbeschadet der Strafen, welche den Eigentümern zukommen.

Art. 38. Während die Frist läuft, innerhalb deren die mechanischen Zähler anzubringen sind, ist die Abgabe in Übereinstimmung mit den Ausweisen der Bücher zu erheben, sowie der Daten, welche durch die entsprechenden Beamten genommen worden sind.

Art. 39. Aller destillierter Alkohol muß durch ein einziges Ausflußrohr austreten, und am Ausgange dieses muß in hermetisch schließender Weise der mechanische Zähler angebracht sein.

Art. 40. Um das Ausströmen alkoholischer Dämpfe zu vermeiden, müssen die mechanischen Zähler, die Destillierapparate, sowie die Verkupplungen und Verbindungen der Röhren und Ventile mit Sicherheitsverschlüssen unter staatlichem Siegel versehen sein, welches im Besitze des betreffenden fiskalischen Beamten aufgehoben wird; bei allen diesen Vorgängen ist in der Form zu verfahren, die der Präsident der Republik bestimmt.

---

*) chicha = Most, Nationalgetränk in Chile.

Art. 41. Im Falle, daß der mechanische Zähler zerbricht oder unregelmäßig arbeitet, oder die Verschlüsse oder offiziellen Siegel des Destillierapparates und seiner angrenzenden Teile brechen, hat der Fabrikant schriftlich am gleichen Tage, wo er den Schaden merkt, dem zuständigen staatlichen Beamten Anzeige zu erstatten, damit die Vorsichtsmaßregeln ergriffen werden, unter denen die Arbeit fortzuführen oder einzustellen ist, falls der mechanische Zähler nicht regelmäßig arbeitet.

Art. 42. Dieselbe Anzeige, und zwar zur gleichen Zeit ist zu erstatten, falls durch irgend eine Unordnung an den Destillierapparaten oder der angrenzenden Teile sich irgend ein Bruch, ein Riß oder eine Beschädigung ereignet oder irgend eine Unregelmäßigkeit das normale Arbeiten des mechanischen Zählers stört, oder ein Entweichen alkoholischer Dämpfe eintreten läßt, welches durch den mechanischen Zähler nicht angezeigt worden ist.

Art. 43. Alkohol, der in den Likörfabriken oder zum Alkoholisieren von Weinen sowie anderen Getränken gebraucht wird, hat die Abgabe in der Herstellungsdestillerie zu bezahlen.

Likörfabriken, welche selbst zum eigenen Gebrauche Alkohol herstellen, sind verpflichtet, die Abgabe zu bezahlen und an ihren Bottichen die mechanischen Zähler in Ansehung der in den Artikeln 39 und 40 vorgeschriebenen Formalitäten anzubringen.

Art. 44. Wird der Alkohol in einer Fabrik extrahiert, um in der anderen rektifiziert zu werden, so hat die Zahlung der Abgabe beim Ausgange des rektifizierten Produktes zu erfolgen, wobei das Büro der Abgabenverwaltung Übergangsscheine auszustellen hat, welche die Bestimmung des Alkohols klarzustellen haben, der in der ersten Fabrik extrahiert ist und dafür zu sorgen, daß der Transport in einem hermetisch verschlossenen und versiegelten Gefäße erfolgt.

Art. 45. Unbeschadet des Falles im vorherigen Artikel, haben die Transportgesellschaften zu Wasser und zu Lande von dem Verfrachter von Alkohol eine Bescheinigung über die Zahlung der Abgabe zu verlangen, bei Strafe des gleichen bis doppelten Betrages der Abgaben, welche den beförderten Waren zukommen würden.

Art. 46. Die Transportgesellschaften zu Lande haben täglich der Verwaltung eine ausfürliche Aufstellung der Waren zu überreichen, die der im vorliegenden Gesetze festgesetzten Abgabe unterworfen sind und die auf ihren Transportlinien im Umlaufe sind; bei Strafe von tausend pesos im Erstfalle und dreitausend pesos in jedem Wiederholungsfalle.

Bei den staatlichen Transportgesellschaften wird diese Geldstrafe als Solidarschuld derjenigen Beamten angesehen, welche bei dem Empfang, der Überführung und Ausliefernng der bestraften Waren tätig gewesen waren.

Art. 47. Für den denaturierten Alkohol ist in Übereinstimmung mit dem vorstehenden Gesetz eine Abgabe von fünf Centavos zu entrichten, gleichgültig, welchen Grades er ist, und zwar nach Feststellung der Denaturierung in der Form, welche der Präsident der Republik bestimmt.

Art. 48. Die Abgabe auf den Alkohol wird durch die staatlichen Schatzämter in Ansehung des vorstehenden Gesetzes und der Verfügungen erhoben, welche der Präsident der Republik bestimmt.

Art. 49. In den letzten Tagen jedes Monats hat ein staatlicher Inspektor oder Unterinspektor Vermerk von dem am mechanischen Zähler angezeigten Alkohol zu nehmen, die angezeigte Produktion mit der Produktion zu vergleichen, die sich in den Büchern der Fabrik angegeben findet und in den genannten Büchern unter seiner Unterschrift eine Bescheinigung der im Monat produzierten Menge Alkohols zu hinterlassen, wobei diese Menge in Buchstaben auszudrücken ist.

Art. 50. Der Beamte, der damit beauftragt ist, die im Monat hergestellte Menge Alkohols zu vermerken, muß mit einem Talonbuch versehen sein, welches doppelte Bescheinigungen enthält.

Eine dieser Bescheinigungen hat er dem zuständigen staatlichen Schatzamte zu übersenden, damit dieses die Abgabe einfordert; und das Duplikat der Direktion des Staatsschatzes, damit diese dem Schatzamte den entsprechenden Betrag belastet.

Die Talons, welche gleiche Angaben wie die Bescheinigungen zu enthalten haben, sind in der Abgabenverwaltung aktenmäßig aufzuheben.

Art. 51. Die staatlichen Inspektoren haben wenigstens sechs Mal im Jahre jede Alkoholdestillerie zu besuchen; sie haben Vermerk von den Quantitäten zu nehmen, die sich an den mechanischen Zählern angezeigt finden und Vergleiche mit den monatlichen Bescheinigungen zu ziehen, die der betreffende Unterinspektor jeden Monat in den Fabrikbüchern einträgt.

Der Inspektor hat drei Bescheinigungen über die von dem mechanischen Zähler angezeigte Menge zu erteilen, von denen er eine dem zuständigen staatlichen Schatzamte übersendet, die andere der Direktion des Staatsschatzes und die dritte der Abgabenverwaltung.

Falls in der Fabrik nicht Einsicht in das Buch genommen werden kann, in welches die monatlichen Bescheinigungen des Unterinspektors schriftlich eingetragen sein müssen, so hat der Inspektor einige der Bescheinigungen zu verlangen, auf welche sich der vorige Artikel bezieht, und hat mit diesen die Vergleichung vorzunehmen, unbeschadet der Verantwortlichkeit, welche dem Fabrikherrn zukommt.

Art. 52. Falls das Zeugnis des staatlichen Inspektors erweist, daß der mechanische Zähler eine höhere Quantität Alkohol angibt, wie diejenige, die sich in den monatlichen Bescheinigungen vermerkt findet, so ist für den Ueberschuß eine Geldstrafe im gleichen Betrage der Gebühren zu entrichten, und der staatliche Beamte, welcher die monatlichen Bescheinigungen erteilt hat, ist seines Amtes zu entsetzen, unbeschadet der Strafen, die im Strafgesetzbuche für diejenigen öffentlichen Beamten aufgestellt sind, die als Gehilfen bei staatlichen Defraudationen anzusehen sind.

Die Geldstrafe ist zu gunsten des Inspektors zu verwenden, welcher den Betrug aufgedeckt hat, oder zu gunsten irgend eines anderen Beamten oder Privatmannes, der denselben angezeigt hat.

Art. 53. Die Abgabe ist monatlich innerhalb der ersten fünf Tage jeden Monats zu entrichten.

Art. 54. Wenn der Betrag der Abgabe fünfhundert pesos übersteigt, so kann die Zahlung durch Wechsel auf neunzig Tage Sicht erfolgen, gezeichnet durch die Eigentümer des Etablissements oder ihre gesetzlichen Stellvertreter oder durch diejenige Person, welche nach dem im Handelsregister eingetragenen Gesellschaftsvertrage ermächtigt ist, sich der Firma bei Handelsgeschäften zu bedienen, wie sie im ordnungsmäßigen Geschäftsgange ausgeführt werden.

Entscheidet sich der Fabrikant dagegen für Barzahlung, obwohl er das Recht auf Frist hat, gemäß dem vorhergehenden Abschnitte, so ist ihm ein Diskont von zwei Prozent zu bewilligen.

Art. 55. Im Falle des Verzuges bei Zahlung der Abgabe sind Zinsen von einem Prozent monatlich zu entrichten, unbeschadet der gerichtlichen zutreffenden Klagen.

Art. 56. Die durch das vorliegende Gesetz aufgestellten Abgaben genießen ein besonderes Vorzugsrecht mit Vorrang vor jedem anderen Kredit, auf alle Maschinerien, Gefäße, Terrains, Fabrikgebäude und angrenzende Teile, sowie auf vorhandene Produkte und Materialien zur Destillation.

Dieses Privileg bleibt auch für den Fall in Kraft, daß der Eigentümer auf Grund irgendwelchen Titels das Eigentum, den Gebrauch oder die Nutznießung an der Fabrik, einem Dritten überträgt.

Ein gleiches Privilegium wird bewilligt für die Zahlung der geldwerten Verantwortlichkeiten, welche aus Uebertretungen gegen das vorliegende Gesetz herrühren.

Art. 57. Die Alkoholfabriken und ihre Nebengebäude, mit Ausnahme der Wohnräume sind zu jeder Tages- oder Nachtstunde den Beamten der Abgabenverwaltung frei zugängig, die eine schriftliche Ermächtigung der Verwaltung vorlegen oder der Lokalbehörde, um die Inspektion vornehmen zu können.

Art. 58. Jede Reklamation wegen Irrtümern bei der Zahlung der Abgabe, zu Lasten oder zu gunsten des Fiskus, verjährt in sechs Monaten.

Die Verfolgung wegen Betruges verjährt in drei Jahren.

Die Klage gegen öffentliche Beamte, die sich Mißbräuche haben zu schulden kommen lassen oder Gehilfen bei Betrügereien waren, verjährt in zehn Jahren.

Art. 59. Für die Verwirklichung der Abgabenzahlung von den ländlichen Destillationen, wird der Präsident der Republik das Land in Zonen einteilen und alle zwei Jahre nach vorhergehenden notwendigen Informationen die Menge von Alkohol bestimmen, welche aus den Destillationen der Fabrikationsrückstände von Wein oder chichas herrühren; wobei die Produktion nach den Hektaren von Weinbergen in jeder Zone abzuschätzen ist.

Art. 60. Die Bottiche der Destillerien auf dem Lande sind geschlossen und von der Abgabenverwaltung versiegelt zu halten, nachdem der Zeitraum oder die Zeiträume verstrichen sind, welche dem Winzer für die Destillation der Rückstände seiner Jahresernte festgesetzt sind, oder für die Destillation des Weines oder der chicha im Falle der Bottich zur Destillierung dieser Produkte bestimmt ist.

Art. 61. Der Winzer, der keinen Alkohol zu produzieren wünscht, hat eine notariell beglaubigte urkundliche Erklärung der Abgabenverwaltung zu übersenden, worin er seine Absicht niederzulegen hat, worauf er von der jährlichen Abgabe befreit bleibt.

Diese Erklärung muß vor dem ersten April jeden Jahres abgegeben werden.

Der Winzer, welcher nach Abgabe der vorherigen Erklärung seine Produkte destilliert oder sie einem anderen Destillateur zugängig macht, hat eine Geldstrafe von fünfhundert bis tausend pesos zu zahlen.

Art. 62. Der Winzer, welcher Weine oder chicha zu destillieren wünscht, hat dies der Abgabenverwaltung mitzuteilen, wobei er die Anzahl der Hektare Weinberg anzugeben hat, von denen das Destillierprodukt entnommen werden soll; oder, wenn das Besitztum schon abgeerntet ist, die Zahl der zu destillierenden Hektoliter.

Die Abgabenverwaltung hat hiervon Vermerk zu nehmen und diese Erklärung durch einen Inspektor oder Unterinspektor nachprüfen zu lassen und in der betreffenden Rolle für ländliche Destillateure die Abgabe zu vermerken, welche dieser Destillateur zu zahlen hat; außer der Kontribution, welche der Artikel 59 für die Destillation der Rückstände vorschreibt.

Der Winzer, welcher Weine oder chicha ohne vorherige Erklärung oder Bemerkung zu destillieren beginnt, erleidet den Verlust des destillierten Produktes und hat außerdem eine Geldstrafe von tausend bis fünftausend pesos zu zahlen.

Art. 63. Die Abgabe, welche auf den ländlichen Destillerien ruht, ist bei den betreffenden staatlichen Schatzämtern in den Monaten, Juni, August, Oktober und Dezember in gleichen Quoten einzubezahlen.

Titel IV.

Von den Strafen.

Art. 64. Mit Gefängnis von zehn bis sechzig Tagen, die in Geldstrafe von fünfzig bis dreihundert pesos umgewandelt werden können, sind diejenigen zu bestrafen, welche gegen die Verpflichtungen oder Verbote verstoßen, die in den vorhergehenden Artikeln vermerkt sind; ausgenommen die Fälle, in denen in derselben Verfügung eine besondere Strafe sich angezeigt findet.

Art. 65. Ist der gegen die vorstehenden Artikel Zuwiderhandelnde öffentlicher Beamter, so tritt Gefängnis von zwanzig bis zu sechzig Tagen ein, umwandelbar in Geldstrafe von hundert bis fünfhundert pesos, unbeschadet der disziplinarischen Maßnahmen und der strafrechtlichen Verantwortlichkeit, die in Ansehung der Vorschriften des Strafgesetzbuches einzutreten hat.

Art. 66. Wenn die Beamten, auf die sich der vorhergehende Artikel bezieht, Agenten oder Inspektoren der Abgabenverwaltung auf Alkohole sind oder irgend eine andere Person, welche mit der staatlichen Beaufsichtigung der Produktion, der Rektifizierung, Denaturierung oder Ausschank von Alkohol oder alkoholischen Getränken betraut ist, so ist die Strafe ausdrücklicherweise im Höchstmaße aufzuerlegen.

Art. 67. Doppelte Abgaben sind zu entrichten für:

1. Alkohol, der ohne die in Artikel 1 aufgeführte Erlaubnis hergestellt ist;
2. unreinen Alkohol, der als Trinkalkohol verkauft ist und zur Konfiskation nicht gefaßt werden konnte;
3. Alkohol, der in irgend einer Weise aus den Bottichen tritt oder aus den Röhren oder Ventilen entweicht, ohne durch den mechanischen Zähler angemerkt zu werden;
4. Alkohol, dessen angeblicher Export zum Zwecke der Wiedererstattung von Abgaben, in betrügerischer Absicht nachzuweisen versucht wird;
5. Alkohol, der nach den Vorschriften des vorstehenden Gesetzes der Strafe der Konfiskation verfallen ist, aber zur Konfiskation nicht gefaßt werden kann;
6. Alkohol, der nach den Büchern des Fabrikanten in der Fabrik hergestellt und nicht in der in den Artikeln 49, 50 und 51 vorgeschriebenen Form aufgezeichnet worden ist, falls der Fabrikant nicht schriftlich hiervon dem entsprechenden staatlichen Schatzamt Mitteilung gemacht hat, bevor die Abgabe gezahlt worden ist, oder auch an die Abgabenverwaltung.

Art. 68. Der Konfiszierung verfallen:

1. Unreiner Alkohol, der als Trinkalkohol verkauft worden ist;

2. Bottiche, Urstoffe und Alkohole der Fabrik, welche ohne die in Artikel 1 bestimmte Erlaubnis errichtet worden ist und Alkohol produziert hat, ohne sich des mechanischen Zählers, der staatlichen Verschlüsse und Siegel zu bedienen, die in den Artikeln 39 und 40 festgestellt worden sind; oder Alkohol produziert hat unter Verstoß gegen die Erklärung, auf welche sich der Artikel 61 oder die Verfügungen in Artikel 60 beziehen;
3. Weine, Getränke, Medikamente zum inneren Gebrauch oder Nahrungsmittel, bei deren Herstellung unreiner Alkohol verwendet worden ist;
4. unreiner Alkohol, der die Fabrik verläßt, ohne vorher denaturiert worden zu sein oder auf dessen Behälter nicht die Worte aufgedruckt sind: „Denaturierter Alkohol", wie es die Artikel 14, 17, 25 und 27 bestimmen;
5. Alkohol, der ohne die in Artikel 89 festgesetzten Erfordernisse destilliert worden ist;
6. Alkohol, der in irgend einer Art heimlich hergestellt worden ist.

Art. 69. Diejenige Person, die den mechanischen Zähler oder die staatlichen Verschlüsse oder Siegel fälscht oder verändert in der Absicht, daß diese den Austritt von Alkohol nicht anzeigen sollen oder eine niedrigere Menge als es tatsächlich der Fall ist, angeben sollen, oder die Vorschriften in Artikel 60 verletzt, soll mit Gefängnis von sechzig Tagen bis zu einem Jahre bestraft werden und mit einer Geldstrafe von fünfzig bis zu fünfhundert pesos.

Ist der Fabrikant allein des vorstehenden Deliktes schuldig aus Nachlässigkeit in der Bewachung der angezeigten Gegenstände, so ist er mit Gefängnis von zehn Tagen bis zu drei Monaten zu bestrafen, die nach Maßgabe von fünf pesos für jeden Tag umgewandelt werden können, unbeschadet der Strafe, welche auf die Person Anwendung zu finden hat, die den Schaden verursachte.

Art. 70. Die Gefängnisstrafe kann nicht in Geldstrafe umgewandelt werden, außer in den besonders aufgeführten Fällen.

Wer die Geldstrafe nicht leisten kann, hat einen Tag Gefängnis für jede fünf pesos zu gewärtigen.

Titel V.

Über den Detailausschank und die Patente.

Art. 71. Alle Restaurants, Cafés, Gasthäuser, Wirtschaften, Kneipen und sonstigen Lokale, in denen dem Publikum zum Konsum in demselben Lokal destillierte oder fermentierte Getränke verkauft werden, die geeignet sind Trunkenheit zu erregen, sind der Wachsamkeit und Beaufsichtigung der Polizei unterstellt und haben den

Agenten jener Behörde und den Beamten der Abgabenverwaltung für Alkohole freien Zutritt zu gewähren.

Die Eigentümer oder Unternehmer der besagten Etablissements, welche den genannten Agenten oder Beamten den freien Eintritt verwehren oder sie daran hindern, sind mit einer Geldstrafe von zwanzig bis hundert pesos zu bestrafen.

Unbeschadet der Geldstrafe ist die Inspektion im Falle des Widerstandes mit Hilfe der bewaffneten Macht vorzunehmen.

Art. 72. Die Etablissements, auf welche sich der vorige Artikel bezieht, und die innerhalb des Weichbildes der Stadt gelegen sind, haben ihre Türen um zwölf Uhr nachts zu schließen und dürfen dieselben vor sechs Uhr morgens nicht öffnen.

Diejenigen, welche außerhalb der besagten Gegend liegen oder auf Dörfern oder im freien Felde, dürfen ihre Türen nur von Sonnenaufgang bis Sonnenuntergang geöffnet halten.

Nach den in diesem Artikel angegebenen Stunden darf keine Person, die nicht zum Etablissement gehört, in demselben verbleiben.

Jede Uebertretung irgend einer dieser Vorschriften ist mit Geldstrafe von zehn bis zu fünfzig pesos zu bestrafen.

Art. 73. Verboten ist der Verkauf von Likören oder fermentierten Getränken sowie hierauf sich beziehende Anzeigen in Theatern, Zirkussen und sonstigen öffentlichen Vergnügungsorten, auf den Stationen und in den Zügen der Eisenbahnen.

Zuwiderhandlung gegen diesen Artikel wird mit einer Geldstrafe von fünfzig bis hundert pesos bestraft.

In der Gemeinde, in welcher eine Volkswahl stattfindet, bleiben am Tage der Wahl die Etablissements, auf welche sich der Artikel 71 bezieht, geschlossen.

Art. 74. Die Etablissements, in denen dem Publikum destillierte oder fermentierte Getränke mit alkoholischer Basis verkauft werden, um innerhalb des Lokals verzehrt zu werden, in denen der Ausschank geschieht oder in davon abhängigen Lokalen, haben die Patentabgabe zu erlegen, welche das vorliegende Gesetz bestimmt.

Art. 75. Für die Erhebung der Patente werden die Departements der Republik in fünf Klassen geteilt.

Zur ersten Klasse gehören die Departements von Tarapacá, Valparaíso und Santiago.

Die zweite Klasse bilden die Departements von Pisagua, Antofagasta, Serena, San Felipe, Quillota, San Fernando, Curicó, Talca, Chillán, Concepcion und Talcahuano.

Die dritte Klasse bilden die folgenden: Copiapó, Coquimbo, Ovalle, Limache, Melipilla, Rancagua, Caupolican, Linares, Constitucion, Cauquenes, San Carlos, Coelemu, Laja, Angol, Temuco, Valdivia und das Territorium von Magallanes.

Die vierte Klasse bilden die folgenden: Taltal, Tocopilla, Channaral, Vallenar, Freirina, Elqui, Combarbalá Illapel, Petorca, Ligua,

Putaendo, Andes, Casablanca, Victoria, Maipo, Cachapoal, Vichuquen, Lontué, Curepto, Parral, Itata, Yungai, Búlnes, Puchacai, Rere, Lautaro, Nacimiento; Arauco, Cannete, Lebu, Mulchen, Collipulli, Traiguen, Mariluan, Osorno, Llanquihue und Ancud.

Die fünfte Klasse bilden die folgenden: Imperial, Union, Carelmapu, Castro und Quinchao.

Art. 76. Die Patente sind von drei Klassen: erster, zweiter und dritter.

Für die Departements der ersten Ordnung ist das Patent erster Klasse zweitausend fünfhundert pesos; dasjenige zweiter Klasse achthundert pesos und dasjenige dritter Klasse vierhundert pesos.

Für die Departements der zweiten Klasse ist das Patent erster Klasse achthundert pesos; dasjenige zweiter Klasse fünfhundert pesos und dasjenige dritter Klasse dreihundert pesos.

Für die Departements der dritten Ordnung beträgt das Patent der ersten Klasse fünfhundert pesos, das der zweiten Klasse dreihundert pesos und dasjenige der dritten Klasse zweihundert pesos.

Für die Departements der vierten Klasse beträgt das Patent der ersten Klasse dreihundert pesos; das der zweiten Klasse zweihundert pesos und das der dritten Klasse einhundert fünf und zwanzig pesos.

Für die Departements der fünften Klasse beträgt das Patent der ersten Klasse zweihundert pesos, das der zweiten Klasse hundertfünfzig pesos und dasjenige der dritten Klasse fünfundsiebzig pesos.

Art. 77. Diejenigen Etablissements, die mehr als zwei Kilometer von den Stadtgrenzen der Departementshauptstädte entfernt sind, und in Ortschaften von weniger als tausend Einwohnern, mit Ausnahme der Seehäfen, Salpeterfabriken und Minenniederlassungen, haben die Abgabe zu entrichten, welche den Departements fünfter Ordnung entspricht.

Art. 78. Die Getränke, auf welche sich der Artikel 71 bezieht, dürfen nicht auf den Straßen, Wegen oder an anderen Orten öffentlicher Benutzung verkauft werden an dem Orte zum sofortigen Genusse, an welchem der Verkauf geschieht.

Art. 79. Vom Datum der Veröffentlichung des vorstehenden Gesetzes ab wird es verboten, Etablissements, welche vom Gesetze betroffen werden, auf eine Entfernung zu gründen, die kürzer als zweihundert Meter ist, von Gotteshäusern, Unterrichts- oder Wohltätigkeitsanstalten, von Gefängnissen oder Kasernen.

Die Verwaltungsbehörde hat die Etablissements zu schließen, welche unter Verstoß gegen die Vorschriften im vorigen Artikel gegründet werden.

Gegen die Anordnung der Schließung gibt es nur mit Devolutiveffekt das Rechtsmittel der richerlichen Berufung.

Sind drei Jahre nach Verkündung dieses Gesetzes verstrichen, so darf von den hier getroffenen Etablissements keines mehr in einer Entfernung von weniger als zweihundert Metern von Gotteshäusern,

Wohltätigkeitsanstalten, Gefängnissen oder Kasernen noch in Betrieb gehalten werden.

Art. 80. Innerhalb des Stadtkreises einer Stadt darf nur ein Etablissement erster Ordnung für den Ausschank en detail bestehen für jede eintausendfünfhundert Einwohner, sowie eines zweiter und ein anderes dritter Klasse für je siebenhundertfünfzig Einwohner oder weniger.

Auf dem Lande und in den Dörfern soll das Verhältnis folgendermaßen sein: ein Etablissement erster Ordnung für je fünfhundert Einwohner, sowie eines zweiter und eines dritter Ordnung für je zweihundertfünfzig.

Die Stadtverwaltung kann die Lage der Etablissements zweiter und dritter Ordnung verteilen in der Weise, daß zwischen den Etablissements mindestens zwei Straßen Zwischenraum liegen.

Art. 81. Die Patente werden alle drei Jahre in öffentlicher Versteigerung zugesprochen, wobei als Minimum für den Zuschlag der durch das Gesetz für das entsprechende Patent der Klasse festgesetzte Wert dient.

Art. 82. Die Versteigerung findet statt vor der Stadtverordnetenversammlung, dem städtischen Schatzmeister und einem öffentlichen Notar, falls es in der Gemeinde einen solchen gibt. Mangels eines Notars hat an seiner Stelle der Beamte des Zivilregisters tätig zu sein.

Der Bietungsakt ist im Duplikat auszufertigen; eines dieser Exemplare ist von dem entsprechenden beurkundenden Beamten zu Protokoll zu nehmen, das andere ist von dem ersten Alkalden der Munizipalität auszustellen.

Art. 83. Als Bevorzugungsgründe für den Zuschlag der Patente sind folgende Gründe anzusehen, welche von der Stadtverwaltung in Berechnung zu ziehen sind:

1. höherer gebotener Preis;
2. bei Gleichheit des Preises, wenn eine Temperenzler-Gesellschaft, die der Bekämpfung des Alkoholismus sich gewidmet hat, den Zuspruch des Patentes verlangt.
3. Der Umstand, daß der Proponent ein Geschäft für den Ausschank destillierter oder fermentierter Getränke hat und innerhalb des letzten Jahres wegen Uebertretung der Vorschriften dieses Gesetzes nicht bestraft ist.

Art. 84. Diejenigen Personen, auf welche sich die Nummer 3 des vorhergehenden Artikels bezieht, die eine Erneuerung des Patentes für die nächsten drei Jahre nicht erlangt haben, haben das Recht, ihr Geschäft für einen Zeitraum von sechs Monaten offen zu halten zu dem alleinigen Zwecke es zu realisieren, nachdem sie vorher für den genannten Zeitraum das entsprechende Patent bezahlt haben, gemäß dem Preise der letzten Subhastation für ihre Klasse.

Art. 85. Um zur Subhastation der Patente zugelassen zu werden, ist vorher im städtischen Schatzamte der Wert eiues Semesters des im Artikel 76 für das Patent festgesetzten Betrages zu hinterlegen.

Dieser Wert verbleibt zu gunsten der Stadtverwaltung, falls der durch Zuschlag Verpflichtete sein Etablissement nicht innerhalb des Zeitraumes von dreißig Tagen nach dem Zuspruch eröffnet.

Im Falle hinterlistiger Offerte ist er außerdem noch mit Gefängnis von zehn Tagen bis zu einem Monat zu bestrafen, das in Geldstrafe von fünfzig bis zweihundert pesos umgewandelt werden kann.

Art. 86. Die Zahlung des Patentes muß semesterweise oder für Jahre im voraus erfolgen, nach freiem Ermessen des Beisteuernden, und im Falle des Verzuges bei der Zahlung hat die Einziehung in der Form zu geschehen, die für die Zahlung städtischer Abgaben vorgeschrieben ist.

Art. 87. Als Bieter werden nicht zugelassen und können nicht Teilhaber sein an Verkaufsgeschäften en detail von alkoholischen Getränken:

1. Mitglieder des Kongresses, Intendanten, Gouverneure, Beamte und Mitglieder der Gerichtshöfe;
2. Beamte der Sicherheitspolizei, städtische Beamte, Friedensrichter und Inspektoren;
3. Eigentümer oder Geschäftsführer von Bordellen;
4. diejenigen, welche wegen Verbrechen oder wegen einfacher Vergehen verurteilt worden sind.

Art. 88. Wird irgend ein Etablissement des Detail-Ausschankes geschlossen, so ist das Patent für die Zeit, die zur Erfüllung der drei Jahre dient, zu versteigern.

Art. 89. Patente von alkoholischen Getränken sind nur übertragbar im Todesfalle, bei Auflösung der gesetzlich gegründeten Gesellschaft, Konkurs oder Bankrott.

Art. 90. Die Munizipalität kann durch Verfügung:

1. Stadtteile, Sektionen oder Straßen bestimmen, wo der Verkauf alkoholischer Getränke entweder in keinem Falle gestattet oder nur unter gewissen Bedingungen erlaubt werden darf;
2. die Bedingungen bestimmen, an die sich die Lokale zu halten haben, die für den Verkauf alkoholischer Getränke bestimmt sind;
3. die Gesundheits- oder Hygiene-Regeln vorschreiben, die an den Stellen des Ausschanks besagter Getränke zu beobachten sind.

Art. 91. Die Erlaubnis zum Ausschank alkoholischer oder fermentierter Getränke kann seitens der Munizipalität entzogen werden:

1. Wenn das Patent irrtümlicher Weise einer der im Artikel 87 bezeichneten Personen erteilt worden ist;

2. wenn zwei Monate hintereinander und ohne gerechtfertigten Grund die Ermächtigung zum Ausschank ohne Ausführung geblieben ist;
3. wenn innerhalb des Jahres mehr als zwei Mal ein Verstoß gegen die in Artikel 143 festgesetzten Fälle begangen worden ist;
4. wenn das Lokal nicht die Erfordernisse der Gesundheit und Hygiene erfüllt, die in den entsprechenden Reglements vorgeschrieben sind;
5. wenn das Patent nicht zur gehörigen Zeit bezahlt worden ist.

Art. 92. Die Verweigerung der Bewilligung eines Patentes oder die Zurückziehung der Ermächtigung müssen begründet sein.

Der Interessent kann gegen den Beschluß, falls er ungesetzlich oder unbegründet war, Einspruch in der durch das städtische Verfassungsgesetz vorgeschriebenen Form erheben.

Art. 93. An der Außenseite des Etablissements ist in vollkommen lesbarer Schrift die Art der zum Ausschank kommenden Getränke sowie die Klasse des bezahlten Patentes anzugeben.

Das Patent muß im Innern an einem für das Publikum sichtbaren Platze angebracht sein.

Art. 94. Die Eigentümer oder Verwalter der Etablissements für den Detailausschank dürfen die Alkohole oder die alkoholischen Getränke nur von denjenigen Produzenten und Kaufleuten kaufen, die in die Register eingeschrieben sind, auf welche sich der Artikel 5 bezieht, oder die in Übereinstimmung mit dem vorliegenden Gesetze eine Konzession für ein Etablissement zum Ausschank erhalten haben.

Art. 95. Die städtischen Inspektoren oder die Beamten des betreffenden städtischen Laboratoriums können zum Zwecke des Qualitätsnachweises in den betreffenden Laboratorien Proben von den Getränken nehmen, die zum Ausschank gelangen.

Der Inhaber des Etablissements kann verlangen, daß auf der Stelle ein anderes Muster desselben Getränkes genommen wird, welches versiegelt und mit Stempel versehen in seinem Besitze verbleibt.

Art. 96. Die in dem betreffenden Laboratorium vorgenommene Analyse liefert Beweis über die Qualität des Getränkes; der Eigentümer aber, der sich mit diesem Resultate nicht zufrieden gibt, hat das Recht zu verlangen, daß auf seine Kosten eine neue Analyse von dem Muster genommen wird, auf welche sich der Abschnitt 2 des vorhergehenden Artikels bezieht; und zwar in einem anderen Laboratorium, welches der Richter zu bestimmen hat, der über den Einspruch erkennt, vorausgesetzt, daß dieses Muster in seinem Gefäße ohne Veränderungen angetroffen wird.

Art. 97. Die Bestimmungen in den zwei vorhergehenden Artikeln sind in gleicher Weise anwendbar auf den Engros- oder Detail-Ausschank irgend welchen anderen berauschenden Getränkes.

Art. 98. Den Beschränkungen und der in den Artikeln 80 und 81 vorgeschriebenen Nachsuchung einer Erlaubnis sind folgende Etablissements nicht unterworfen:

1. Die Hotels mit den dem Publikum geöffneten Restaurants;
2. die Hotels, welche den Ausschank von destillierten oder fermentierten Getränken lediglich für ihre Gäste haben;
3. die Klubs, welche den Ausschank der genannten Getränke lediglich für ihre Vereinsgenossen haben.

Art. 99. Die in Nummer 1 genannten Etablissements zahlen das Patent, welches in Übereinstimmung mit Artikel 76 ihrer Klasse nach ihnen zukommt.

Die in den Nummern 2 und 3 genannten Etablissements zahlen die Hälfte des genannten Patentes.

Art. 100. Die Etablissements, in denen die Abgabe von destillierten oder fermentierten Getränken in geschlossenem Behälter erfolgt, um außerhalb des Verkaufslokales oder dessen Nebengebäuden genossen zu werden, zahlen die Abgabe, welche in Ansehung des allgemeinen Gesetzes über Patente ihnen gebührt.

Titel VI.

Über die Regelung des Ausschankes von Wein.

Art. 101. Verboten ist unter der Bezeichnung als „Wein“ der Verkauf jedes anderen Produktes als desjenigen, welches aus der Gärung der frischen Traube oder der getrockneten Beere stammt, sowie aus den Substanzen, die der Traube eigen sind und zur guten Weinherstellung dem Most in der Kelter beigefügt werden.

Infolgedessen können Getränke, die sich von jenen unterscheiden, welche im vorigen Abschnitte behandelt werden, sowie die Mischung einiger dieser Getränke mit echtem Wein gleichgültig in welchem Verhältnis nicht der Qualität nach als „Wein“ verkauft werden, falls nicht auf der Marke oder dem Etikett die Stoffe angegeben sind, welche dem natürlichen Wein zugesetzt wurden.

Art. 102. Ein gleiches Verbot soll hinsichtlich des Produktes der Gärung von Trestern gelten bei Hinzufügung von Wasser oder gezuckerten Materien, sowie unter Mischung dieser Produkte mit Wein, falls dieser nicht mit dem Namen „Tresterwein“ oder „Zuckerwein“ bezeichnet ist.

Art. 103. Dieselben Vorschriften haben Anwendung zu finden hinsichtlich des Gärungsproduktes von trockenen Trauben mit Wasser sowie der Mischung dieses Produktes mit Wein, falls sie sich nicht als Wein von trockenen Trauben zu erkennen geben.

Art. 104. Weine, welche mit anderen Substanzen als den in den vorhergehenden Artikeln aufgezählten hergestellt oder versetzt sind, können nur unter der Bezeichnung „Kunstweine“ verkauft werden.

Art. 105. Gefäße oder Behälter, welche die in den Artikeln 102, 103 und 104 genannten Weinarten enthalten, müssen in großen Buchstaben folgende Worte enthalten: „Wein von Trestern", „Zuckerwein", „Wein aus trockenen Trauben", „Kunstwein" etc.

Bücher, Rechnungen, Frachtscheine und Quittungen müssen dieselben Bezeichnungen enthalten.

Die Verfügungen der vorigen Artikel sollen keine Anwendung finden auf veredelte Weine oder Schaumweine.

Art. 106. Zuwiderhandlungen gegen die Bestimmungen in den vorhergehenden Artikeln sind mit Gefängnis in irgend einem seiner Grade zu bestrafen, welches ganz oder teilweise nach Maßgabe von zehn pesos für jeden Tag in Geldstrafe umgewandelt werden kann.

Art. 107. Bestraft werden sollen mit den Strafen, denen die Verfälscher von zum öffentlichen Verbrauche bestimmten Getränken oder Eßwaren verfallen, in Übereinstimmung mit Artikel 316 des Strafgesetzbuches diejenigen, welche dem Wein, Tresterwein, Zuckerwein, Wein von trockenen Trauben oder Kunstwein hinzufügen:

1. Schädliche Farbstoffe und künstliches Aroma irgend welcher Art;
2. nicht rektifizierte Alkohole;
3. Produkte wie Schwefelsäure, Salpetersäure, Salzsäure, Salicylsäure, Borsäure oder ähnliche Bestandteile; sowie
4. schwelsauren Kalk, schwefelsaure Soda oder Pottasche in größerem Verhältnis wie zwei Gramm per Liter.

Art. 108. Die Bestimmungen des vorliegenden Gesetzes finden auch Anwendung auf diejenigen, welche den genannten Wein in ihrem Besitz haben, verkaufen oder zum Verkauf stellen, obwohl sie wissen oder es wenigstens bei einiger Sorgfalt wissen müßten, daß der Wein verfälscht ist.

Auf alle Fälle ist die Flüssigkeit gemäß den Vorschriften des Artikels 110, falls der Artikel 106 verletzt ist, zu versteigern; oder sie ist zu vernichten, falls gegen Artikel 107 ein Verstoß vorliegt.

Die gleichen Regeln haben Anwendung zu finden auf die Herstellung und den Verkauf von Bieren, Apfelweinen (cidras) oder chichas.

Art. 109. Die Delikte, auf welche sich das vorstehende Gesetz bezieht, sind von Amtswegen zu verfolgen, im abgekürzten und summarischen Verfahren zu behandeln und abzuurteilen in Ansehung des Artikels 1 des Gesetzes vom 3. August 1876 und hinsichtlich der Anzeige ist Volksklage gestattet.

Art. 110. Wird durch rechtskräftiges Urteil erklärt, daß eine Zuwiderhandlung nach Artikel 106 vorliegt, so sind die verfälschten Produkte zu konfiszieren und der Gesamtwert des versteigerten Produktes ist dem Denunzianten nach Abzug der Unkosten zuzuerteilen.

Wird in dem Urteile erklärt, daß ein Verstoß nicht vorliegt und die Ansicht vertreten, daß die Anzeige böswillig erstattet war, so ist der Denunziant dazu zu verurteilen, zugunsten der betreffenden Munizipalität eine Geldstrafe von zehn bis zu fünfhundert pesos zu erlegen, die in demselben Urteile festzusetzen und aufzuerlegen ist.

Enthält das Produkt die Substanzen, auf die sich der Artikel 107 bezieht, so ist dieses zu vernichten und dem Denunzianten der Gesamtwert der nach Artikel 106 auferlegten Geldstrafe zuzusprechen.

Der Richter, vor dem die Anzeige angebracht worden ist, kann Siegel legen und diejenigen Vorsichtsmaßregeln treffen, die er für notwendig hält, um zu verhindern, daß die denunzierte Flüssigkeit verändert, entzogen oder durch eine andere ersetzt wird; gleichgültig, welches die Menge oder die Zahl der Behälter waren, in denen der Inhalt sich befand.

Art. 111. Die Gerichte können, je nach der Schwere der Fälle, mittels einer der Zeitungen oder durch Anschläge an Orten, die von ihnen näher zu bezeichnen sind, die Veröffentlichung des verurteilenden Spruches zu Lasten der Schuldigen anordnen oder des freisprechenden Urteils zu Lasten des Angebers.

Art. 112. Der Präsident der Republik wird ermächtigt, Auslagen bis zur Höhe von zweihunterttausend pesos zu machen, um Laboratorien zur Untersuchung von Weinen und Likören in den Häfen und Städten einzurichten, in denen städtische Laboratorien noch nicht bestehen und in denen der Weinhandel sie als notwendig erweist.

Titel VII.

Von den Exportprämien.

Art. 113. Jede Person oder Gesellschaft, die einheimische in vorschriftsmäßiger Weise rektifizierte Alkohole ausführt, hat das Recht auf Rückerstattung des Wertes der entsprechenden Abgabe auf die Quantität des exportierten absoluten Alkohols und auf eine Prämie von fünf centavos pro Liter.

Art. 114. Jede Person oder Gesellschaft, welche Wein exportiert, hat das Recht auf eine Prämie von fünf centavos pro Liter.

Während des ersten Jahres der Geltung des vorliegenden Gesetzes darf der Betrag dieser Prämien für die Ausfuhr von Alkoholen zweihunderttausend pesos und die gleiche Summe für die Ausfuhr von Weinen nicht überschreiten. In den folgenden Jahren hat der Voranschlag der öffentlichen Ausgaben die Summen zu bestimmen, welche für diesen Zweck bestimmt werden sollen.

Der Präsident der Republik hat die erforderlichen Maßnahmen zu erlassen, um die Form zu bestimmen, in der diese Summe unter die Exportinteressenten von Wein oder Alkoholen zu verteilen sind.

Art. 115. Die Zahlung der in den vorhergehenden Artikeln erwähnten Abgaben geschieht nach vorheriger Beweiserhebung darüber, daß die Quantität exportierten Alkohols oder Weines an ihrem Bestimmungsorte angelangt ist.

Ein vom Präsidenten der Republik angeordnetes Reglement hat die Bedingungen zu bestimmen, unter denen die Zahlung zu erfolgen hat, sowie die Form, in welcher die Ausfuhr klar zu erweisen und die Reinheit der ausgeführten Substanz zu beweisen ist.

Art. 116. Nationale Alkohole und Weine, die wieder zur Einfuhr gelangen und fremde Alkohole und Weine, die durch die Zollbehörden der Republik eingeführt werden, haben einen Zuschlagsaufschlag von zehn Prozent auf den Betrag der Zollhausabgabe, die ihnen zusteht, zu erlegen.

Dieser Aufschlag soll in erster Linie dazu bestimmt werden, in den Zollhäusern der Republik spezielle Laboratorien auszustatten und zu unterhalten, um die Qualität und Reinheit der Alkohole und Weine zu analysieren, welche eingeführt oder ausgeführt werden.

Art. 117. Nationale Alkohole und Weine, welche wieder eingeführt werden, bleiben der Einfuhrabgabe unterworfen, die für gleichartige ausländische Waren festgesetzt ist.

Art. 118. Einfuhr und Ausfuhr von Alkoholen, sprithaltigen Likören und Weinen aller Klassen können nur geschehen über die Häfen Arica, Iquique, Antofagasta, Huasco, Coquimbo, Valparaiso, Constitucione, Tomé, Talcahuano, Carahue, Valdivia und Ancud.

Titel VIII.

Vom richterlichen Verfahren.

Art. 119. Über die Prozesse, zu denen die Anwendung des vorstehenden Gesetzes Veranlassung gibt, hat der zuständige Berufsrichter zu entscheiden; unbeschadet der Fälle, in denen dasselbe Gesetz den Bezirksrichtern (jueces de subdelegacion) oder Distriktsrichtern die Aburteilung bestimmter Vorkommnisse zuerteilt.

Art. 120. Der Richter hat in kurzer und summarischer Form zu entscheiden, indem er die Parteien anzuhören hat und auch von Amtswegen diejenigen Handlungen vornehmen kann, die er zur besseren Aufklärung der denunzierten Handlungen für geeignet hält.

Art. 121. In dem Falle des Beweisverfahrens darf die ordentliche Frist zehn Tage nicht überschreiten und mehr wie sechs Zeugen für jede Partei sind nicht zuzulassen.

Art. 122. Der Beweis ist vor dem Richter zu erheben in Gegenwart der Partei, welche dem Verfahren beiwohnen will.

Art. 123. Das Urteil muß spätestens innerhalb von fünf auf die Beendigung des Prozesses folgenden Tagen verkündet werden.

Art. 124. Nur gegen das Endurteil kann Berufung eingelegt werden.

Das Berufungsgericht hat ohne weitere sonstige Schritte sein Urteil abzugeben, als unter Festsetzung des Tages für ein Erkenntnis in der Sache.

Art. 125. In den im vorliegenden Gesetze nicht vorgesehenen Fällen sind die Einziehungen, Geldstrafen und Strafen in Ansehung der Zollgesetze zur Anwendung zu bringen.

Art. 126. Der Teil, welcher bei den Einziehungen, Geldstrafen und doppelten Gebühren den Denunzianten oder Ergreifern zusteht, ist derselbe, wie er in den genannten Zollgesetzen festgesetzt ist.

Titel IX.

Von der Abgabenverwaltung für Alkohole.

Art. 127. In Santiago ist ein vom Finanzministerium abhängiges Amt zu schaffen, welches damit beauftragt wird, die Durchführung dieses Gesetzes in die Wege zu leiten und aus folgendem Personal bestehen soll:

EinVerwalter, Chef des Amtes, mit achttausend pesos Gehalt jährlich;

ein Chemiker, Direktor des Laboratoriums, mit sechstausend pesos Gehalt jährlich;

ein Sekretär mit dreitausend pesos Gehalt jährlich;

ein statistischer Buchhalter mit dreitausendsechshundert pesos Gehalt jährlich;

ein Gehilfe mit tausendfünfhundert pesos Gehalt jährlich;

ein Türhüter mit vierhundertachtzig pesos Gehalt jährlich;

bis zu zwölf Inspektoren mit je fünftausend pesos Gehalt jährlich;

bis zu vierundzwanzig Unterinspektoren mit je dreitausendsechshundert pesos Gehalt jährlich.

Die Inspektoren und Unterinspektoren beziehen ein Wegegeld von fünf pesos täglich, wenn sie den Ort ihrer Residenz verlassen.

Art. 128. Der Verwalter wird von dem Präsidenten der Republik auf Vorschlag des Staatsrates ernannt.

Die übrigen Angestellten werden durch denselben Beamten auf Vorschlag des Verwalters nach Maßgabe der Reihenfolge ernannt. Die Reihenfolgen werden gebildet durch die alphabetische Ordnung der Vatersnamen.

Die Stellen von Inspektoren und Unterinspektoren werden durch Konkurrenzbewerbung besetzt.

Art. 129. Die Beamten des genannten Amtes haben folgende Bürgschaften zu leisten:

Der Verwalter zehntausend pesos;

Die Inspektoren fünftausend pesos;

Die Unterinspektoren viertausend pesos.

Art. 130. Dem Verwalter liegt es im besonderen ob:

1. Die Statistik der Produktion, und, soweit als möglich, auch des Verbrauchs der Weine und Alkohole im Land aufzustellen.
2. Jährlich dem Ministerium eine Denkschrift über die Arbeit seines Amtes zu überreichen, wobei der Gang der Industrie im Lande und die Verbesserungen anzugeben sind, deren Ein-

führung zweckmäßig sein würde, um die gesundheitlichen Bedingungen des Alkohols zu verbessern und dessen industrielles Anwendungsgebiet auszudehnen.

3. Die Maßnahmen anzugeben, welche zweckmäßiger Weise anzuwenden wären, um den Alkoholismus zu bekämpfen.
4. Veränderungen vorzuschlagen, welche die Erfahrung einzuführen rät in bezug auf dieses Gesetz oder die Verordnungen, welche zu seiner Ausführung zu erlassen sind.
5. Beamte vorläufig zu dispensieren und ihre Entfernung zu erbitten, wenn er es für den guten Gang des Dienstes für notwendig erachten sollte.
6. Die Bürgschaften zu beurteilen, welche die Inspektoren und Unterinspektoren leisten müssen, sowie deren Erneuerung zu verlangen, falls der Bürge gestorben oder zahlungsunfähig geworden ist.
7. Die Inspektoren und Unterinspektoren auf die verschiedenen Provinzen zu verteilen, wobei dafür Sorge zu tragen ist, daß sie sich in der Ausübung ihrer Pflichten ablösen.
8. Den Inspektoren und Unterinspektoren für die Ausübung der ihnen obliegenden Pflichten die Befehle und Anweisungen des betreffenden Falles zu erteilen.

Zweites Buch.

Titel I.

Von der Bestrafung der Trunkenheit.

Art. 131. Jede Person, die im offenkundigen Zustande der Trunkenheit auf Straßen, Wegen, Plätzen, Theatern, Hotels, Cafés, Schänken, Destillen oder anderen öffentlichen oder dem Publikum zugänglichen (abiertos) Orten getroffen wird, ist mit Gefängnis von drei bis zu fünf Tagen zu bestrafen, umwandelbar in eine Geldstrafe, die nicht unter fünf pesos gehen und zwanzig pesos nicht übersteigen darf.

Art 132. Wer wegen des im vorigen Artikels angegebenen Verstoßes zweimal im Zeitraume von sechs Monaten oder weniger verurteilt worden ist, wird, wenn er innerhalb eines Jahres von der letzten Verurteilung ab gerechnet rückfällig wird, mit Gefängnis von acht bis zu dreißig Tagen bestraft, umwandelbar in eine Geldstrafe, die nicht unter zwanzig pesos kommen und sechzig pesos nicht übersteigen darf.

Nach der dritten Verurteilung wird der besagte Verstoß mit Gefängnis von zehn bis zu dreißig Tagen bestraft, umwandelbar in eine Geldstrafe von hundert bis zu fünfhundert pesos.

Art. 133. Ausgenommen die Fälle, in denen besondere Umstände die Verfehlung mildern, sind die in den beiden vorhergehenden Artikeln angezeigten Strafen im Höchstmaße ihrer Ausdehnung zur Anwendung zu bringen, und die Umwandlung kann stets verweigert werden, falls folgende Fälle zur Beurteilung vorliegen:

1. Gegenüber Personen, welche an öffentlichen oder dem Publikum geöffneten Plätzen dritte Personen wörtlich oder tätlich belästigen;
2. gegenüber einem öffentlichen Beamten, welcher sich im Zustande der Trunkenheit zur Ausübung seines Dienstes stellt;
3. gegenüber Angehörigen des Heeres oder der Flotte oder der Sicherheitspolizei, welche in Uniform sich öffentlich in betrunkenen Zustande zeigen, auch wenn sie sich nicht im Dienste befinden;
4. gegenüber Personen, welche im Zustande der Trunkenheit reiten oder Gefährte lenken, gleichgültig, welcher Art diese sein mögen und gleichgültig, ob sie Passagiere oder Waren befördern oder nicht;
5. diejenigen, welche in gleichem Zustande an öffentlichen Orten geladene Feuerwaffen tragen oder mit blanker Waffe Bedrohungen ausführen;
6. gegenüber denjenigen, welche im Zustande der Trunkenheit an Arbeiten teilnehmen, die, sei es für die Arbeiter selbst, sei es für diejenigen Personen, welche sich in der Nähe befinden, gefährlich sind;
7. gegenüber denjenigen, welche in betrunkenem Zustande sich vorstellen, um als Zeuge Erklärungen abzugeben oder um an einem öffentlichen Akte teilzunehmen, indem sie hierbei irgendeine Funktion ausüben.

Art. 134. Wenn die Beamten, auf welche sich die Nummer 2 des vorhergehenden Artikels bezieht, Chefs von öffentlichen Ämtern oder Beamte für den Unterricht in den Staatsanstalten sind, so sind ihnen außer dem Höchstmaße der im vorhergehenden Artikel angezeigten Strafe Amtsenthebung ohne den Genuß des Gehaltes aufzuerlegen, für eine Zeit, die nicht unter sechzig Tagen beträgt und neunzig Tage nicht überschreiten darf.

Im Rückfalle ist der Schuldige außerdem zum Verluste seines Amtes zu verurteilen.

Art. 135. Jeder verurteilende Spruch gegenüber einem öffentlichen Beamten muß dem nächst höheren ihm überstehenden Rangbeamten am Tage nach der Verkündung mitgeteilt werden.

In gleicher Weise ist der Behörde Mitteilung zu machen, welche die Auszahlung des Gehaltes für den Beamten vornimmt.

Art. 136. Die nach den Vorschriften dieses Gesetzes auferlegte Gefängnisstrafe verpflichtet den Bestraften in denjenigen Beschäftigungen zu arbeiten, welche durch die Bestimmungen des Haftortes vorgeschrieben oder von der Munizipalität des betreffenden Territoriums erlassen worden sind.

Die Strafe ist um den fünften Teil bei denjenigen Angeklagten zu mindern, welcher ein Wohnungsbuch und ein Buch über gute Führung vorzeigt, ausgestellt und beglaubigt durch den Bezirksrichter oder den zuständigen Distriktsrichter.

Art. 137. Den Söhnen von Gefangenen, welche jünger als zwölf Jahre sind und von der Arbeit des Vaters leben, ist täglich eine einzige Ration gleich derjenigen des Gefangenen zu gewähren, gleichgültig wie viele Kinder es sind, damit sie sich ernähren, solange die Gefängnishaft dauert.

Art. 138. Personen, die sich der Vergehen schuldig gemacht haben, von denen die ersten drei Artikel dieses Titels handeln, und die nicht gefaßt oder am selben Tage der Begehung des Deliktes festgenommen sind, können erst deswegen an den folgenden zwei Tagen prozessiert werden; unbeschadet des Eintrittes der zivilen und strafrechtlichen Verantwortlichkeit, welche sie zu der gebührenden Zeit und seitens der zuständigen Behörde wegen der Schäden und Nachteile trifft, die während der Trunkenheit eingetreten sind.

Art. 139. Die Strafen, welche das vorliegende Gesetz auferlegt, verstehen sich unbeschadet derjenigen, welche für die Delikte bestimmt sind, die die Trunkenen begehen und unbeschadet der Maßnahmen über Entsetzung oder Absetzung öffentlicher Beamter, welche die Verwaltungsbehörde in Ansehung ihrer Machtvollkommenheiten Platz greifen lassen kann.

Art. 140. Jeder Maschinist eines Schiffes oder einer Eisenbahn, Führer von Zügen, Bremser oder Weichensteller, welcher sein Amt ausübt oder Dienst tut im Zustande der Trunkenheit, auch wenn er keinerlei Schaden anrichtet, soll seines Amtes entsetzt und außerdem mit den Strafen bestraft werden, welche im Artikel 330 des Strafgesetzbuches angezeigt sind.

Die Privatunternehmen, sowie die Angestellten und Beamten des Staates, welche einwilligen oder dulden, daß die Dienste der genannten Ämter oder Berufe von betrunkenen Personen ausgeübt werden, ohne die Schuldigen sofort der Justizbehörde zu überliefern, sind mit einer Geldstrafe von hundert bis tausend pesos zu belegen, unbeschadet der Amtsentsetzung der Staatsbeamten sowie der Verdoppelung der Geldstrafen im Falle der Wiederholung des Verstoßes.

Art. 141. Diejenigen Personen, welche im Zeitraume von einem Jahre mehr als vier Mal wegen Trunkenheitsdelikten bestraft sind, können nach vorherigem ärztlichen Gutachten zur Einsperrung in Trinkerasyle, welche dieses Gesetz schafft, verurteilt werden, und zwar für einen Zeitraum, der nicht unter sechs Monate sich beläuft, ein Jahr aber nicht übersteigen darf.

Art. 142. Der Ehemann oder Familienvater, welcher ohne die in den ersten drei Artikeln besprochenen Delikte zu begehen, trotzdem sich gewöhnlich unter dem Einfluß von Alkohol derart befindet, daß es ihm nicht möglich ist, in korrekter Weise seine Geschäfte zu leiten oder zum Unterhalte seiner Ehegatten und seiner Kinder beizutragen, kann für drei bis zwölf Monate in einem Trinkerasyle eingesperrt werden, auf Antrag irgend eines seiner Familienmitglieder, der an den zuständigen gelehrten Richter gerichtet ist.

Der Richter hat nach Kenntnis der Sache vorzugehen und nach persönlicher Anhörung der Interessierten.

Art. 143. Die Inhaber, Unternehmer oder Verwalter von Etablissements zum Ausschank von destillierten oder fermentierten Getränken, welche Betrunkene im Verkaufslokale oder dessen Nebengebäuden dulden oder die, wenn auch kostenlos, jene Getränke an offenbar betrunkene oder kranke oder minderjährige Personen unter einundzwanzig Jahren abgeben, oder die ihren Konsumenten gestatten zu trinken, bis sie sich berauschen, sind mit Gefängnis von fünf bis zu fünfzehn Tagen, umwandelbar in eine Geldstrafe von zwanzig bis siebzig pesos, zu bestrafen.

Der gleichen Strafe verfallen die genannten Inhaber, Unternehmer oder Verwalter, welche es dulden, daß Skandal begangen wird, daß Tumulte erregt, oder daß Unordnungen innerhalb ihrer Etablissements hervorgerufen werden.

Wenn die genannten oder irgendwelche andere Personen Minderjährigen unter einundzwanzig Jahren Getränke verabreicht haben, bis jene betrunken geworden sind, so soll die Strafe nicht umwandelbares Gefängnis von sechs Tagen bis zu einem Monat sein und außerdem eine Geldstrafe von dreißig bis sechzig pesos.

Art. 144. In den Hotels, Cafés, Schänken, Kneipen und sonstigen Etablissements, wo mehr als zweimal in einem Jahre eine der Zuwiderhandlungen begangen worden ist, von denen der vorhergehende Artikel handelt, ist bei Ausspruch der dritten Verurteilung der Ausschank von destillierten oder fermentierten Getränken, falls diese in den genannten Etablissements verzehrt werden sollen, zu untersagen.

Die Dauer dieses Verbotes ist durch den Richter zu bestimmen und kann zwei Monate nicht überschreiten.

Nach Erlaß von zwei Verboten in Gemäßheit des vorhergehenden Abschnittes, hat die Strafe für die Zuwiderhandlung, von welcher der vorige Artikel handelt, auch das Verbot zu enthalten zum Ausschank von destillierten oder fermentierten Getränken in der genannten Form für einen Zeitraum, der nicht unter sechs Monate gehen und ein Jahr nicht überschreiten soll.

Nach dem dritten Verbot ist das Lokal zu schließen und die Erlaubnis zum Ausschank alkoholischer Getränke absolut aufzuheben.

Jeder Verstoß gegen die genannten Verbote ist mit einer Geldstrafe von fünfzig bis fünfhundert pesos und Gefängnisstrafe von fünfzehn Tagen bis zu zwei Monaten zu bestrafen, falls die Geldstrafe nicht bezahlt wird.

Art. 145. Der Ehegatte, die Frau, der Vater, Sohn, Hüter oder Schutzherr einer dem Trunke von spirituösen Getränken gewohnheitsmäßig im Übermaße ergebenen Person kann die Ausschänker jener Getränke dahin notifizieren, daß sie an das genannte Individuum keinen Likör verkaufen oder verabfolgen für einen Zeitraum, der für jede Anzeige über einen Monat nicht hinausgehen darf.

Im Falle der Zuwiderhandlung hat die Person, welche den Avis gegeben hat, das Recht, von dem Benachrichtigten die Schäden und Nachteile ersetzt zu bekommen, welche sie infolge der Trunkenheit hinsichtlich ihrer Person, ihres Eigentums oder ihrer Unterhaltsmittel erlitten hat.

Art. 146. Dieselbe Anzeige, welche sich auf den vorhergehenden Artikel bezieht, kann auch von der richterlichen Behörde als Disziplinarmittel gegenüber denjenigen Personen erteilt werden, denen wegen Trunkenheit der Prozeß gemacht worden ist; und im Falle der Zuwiderhandlung hat der Ausschänker von berauschenden Getränken nicht nur für diejenigen Nachteile aufzukommen, welche der Familie des Betrunkenen verursacht worden sind, gemäß dem Abschnitte 2 des genannten Artikels, sondern auch für diejenigen Schäden, welche dritten Personen erwachsen sind.

Diese Verantwortlichkeit schließt nicht diejenige aus, welche in Übereinstimmung mit den Vorschriften dieses Gesetzes dem Betrunkenen zukommt.

Art. 147. Die Übertretungen, welche durch den vorliegenden Titel bestraft werden, sind in den Hauptstädten der Departements abzuurteilen durch die zuständigen studierten Richter, und außerhalb der Stadt durch die Bezirksrichter (jueces de subdelegacion).

In denjenigen Distrikten, in denen kein Bezirksrichter seinen Amtssitz hat und dieser auch nicht sonst anwesend ist, ist es Sache der Distriktsrichter, die Angeklagten für die Übertretungen abzuurteilen, welche in den ersten drei Artikeln dieses Titels behandelt werden.

Art. 148. Die Distriktsrichter haben wöchentlich dem Bezirksrichter und diese wiederum dem studierten Richter des Departements Rechenschaft über die Verurteilungen zu geben, welche wegen der genannten Verfehlungen eingetreten sind unter Nennung der Namen, des Standes und Berufes der Angeklagten.

Der studierte Richter hat dem Gouverneur die ihm von den Bezirksrichtern eingesandten Listen zu übermitteln sowie einen Plan über die Verurteilungen gleicher Art, die er ausgesprochen hat und dem entsprechenden Schatzamte die auferlegten Geldstrafen mitzuteilen.

Art. 149. Diejenigen Personen, welche Geschäfte zum Ausschank destillierter oder fermentierter Getränke haben, können weder Bezirks- noch Distriktsrichter sein.

Art. 150. Der Ausschank destillierter oder fermentierter Getränke kann nicht als Geschäftszweig ausgeübt werden, der Leihhäusern oder Bordellen angegliedert ist.

Art. 151. Ein Exemplar des vorstehenden Titels ist an einem sichtbaren Orte aufzubewahren und zwar derart, daß es in dem ganzen Etablissement gesehen werden kann, in dem destillierte oder fermentierte Getränke zum Ausschank kommen, um an Ort und Stelle verzehrt zu werden.

In gleicher Weise ist an einem sichtbaren Orte das Urteil für den darin bestimmten Zeitraum aufzubewahren, welches in Ansehung des Artikels 144 dieses Gesetzes ausgesprochen worden ist und den Ausschank der genannten Getränke verbietet.

Die Zuwiderhandlung gegen diese Verpflichtungen wird mit einer Geldstrafe von fünf bis fünfzig pesos bestraft für jeden einzelnen hiergegen begangenen Verstoß.

Gleicher Strafe soll jede Person verfallen, welche absichtlicher Weise die genannten Exemplare abreißt oder vernichtet.

Titel II.

Von den Trinkerasylen.

Art. 152. Als Nebengebäude zu den Irrenhäusern ist ein öffentliches Etablissement zu errichten unter dem Namen „Trinkerheilanstalt" (Asilo de Temperancia).

Diese Asyle sind vom Ministerium des Innern abhängig und sind in derselben Form wie die Irrenanstalt zu Santiago zu leiten und zu verwalten.

Art. 153. In diesen Asylen sind die Gewohnheitstrinker getrennt zu halten und diejenigen, welche in dieser Form und in Übereinstimmung mit den Vorschriften des vorliegenden Gesetzes bestraft worden sind.

In denselben ist auch denjenigen Personen Zulaß zu gewähren, welche sich freiwillig der besonderen ärztlichen Behandlung unterziehen wollen, welche in diesen Asylen zur Anwendung kommen muß und sich einer Einschließung unterwerfen, welche nicht unter drei Monaten beträgt.

Art. 154. Eine Sektion dieses Asyls ist für diejenigen Personen zu bestimmen, welche monatlich die von den Reglements festgesetzte Pension bezahlen.

Art. 155. Ein Monat bevor der Zeitraum der Aufnahme (hospitalizacion) beendet ist, hat die Direktion des Asyles derjenigen Behörde, welche die Einschließung angeordnet hat, sowie der Familie des Asylisten ein Gutachten über das Ergebnis der Behandlung einzusenden; und im Falle, daß diese noch nicht beendet ist, kann der Richter oder die Familie an seiner Statt die Heilbehandlung für einen Zeitraum fortsetzen, der ein Jahr nicht überschreitet.

Art. 156. Auf Antrag der Familie kann für den Asylisten ein Pfleger bestellt werden und zwar für die ganze Dauer der Hospitalbehandlung.

Zu diesem Zwecke hat der zuständige studierte Richter sich in das Asyl zu begeben und dort den Kranken und die Direktion des Asyls anzuhören, bevor er die Ernennung vornimmt.

Titel III.

Allgemeine Vorschriften.

Art. 157. In jedem städtischen Voranschlage muß ein Betrag eingestellt sein, der nicht weniger wie zwei Prozent der jährlichen Einnahmen beträgt und ausschließlich dazu bestimmt ist zur Bekämpfung des Alkoholismus innerhalb des städtischen Territoriums verwendet zu werden.

Art. 158. Unbeschadet der Beschlüsse der Munizipalität, wird angenommen, daß die Bildung und Förderung von Temperenzgesellschaften, die dazu bestimmt sind, den Alkoholismus zu bekämpfen, diesem Zwecke genügen; und ebenso andere Gesellschaften, welche die Ausübung athletischer oder gymnastischer Übungen, Gesang, Musik oder Deklamationen zum Gegenstande haben, wobei der Genuß destillierter oder fermentierter Getränke nicht gestattet ist, ebenso die Errichtung von Zirkussen oder Volkstheatern innerhalb des Stadtkreises und seiner nächsten Umgebungen.

Art. 159. Die Besitzungen, welche von Gesellschaften oder Korporationen eingenommen werden, die zur Bekämpfung des Alkoholismus bestimmt sind, genießen Freiheit von den Abgaben für bewegliches und unbewegliches Eigentum.

Im Falle die tatsächlich in Anspruch genommene Örtlichkeit nur einen Teil des Eigentums beträgt, welches mit der genannten Abgabe belastet ist, ist der Wert der Abgabe in entsprechender Weise zu ermäßigen.

Art. 160. Die Direktoren und Verwalter dieser Gesellschaften oder Korporationen sind persönlich und solidarisch haftbar für die Erfüllung der angegebenen Zwecke besagter Gesellschaften und ebenso dafür, daß unter ihren Mitgliedern der Genuß jedweden berauschenden Getränkes untersagt bleibt; auch derjenigen, welche nicht als alkoholische Getränke betrachtet werden.

Im Falle der Zuwiderhandlung sind die genannten Personen verpflichtet, den Wert der Abgaben zu bezahlen, von denen sie Befreiung erlangt hatten und außerdem haben sie den doppelten Betrag des Patentes erster Klasse zu bezahlen, welches dem Departement nach Artikel 76 zukommt.

Art. 161. In allen Schulen und staatlichen Unterrichtsanstalten ist obligatorischer Unterricht in Hygiene mit Kenntnis der Physiologie und Temperenzbewegung zu erteilen, illustriert durch Wandtafeln, welche in graphischer Darstellung die Folgen des Genusses berauschender Getränke zeigen.

Art. 162. Dieser Unterrichtszweig hat einen unabhängigen Platz im Studienplan einzunehmen, wobei eine Prüfung hierüber unerläßliches Erfordernis ist, um in einen höheren Kursus versetzt zu werden.

Art. 163. Der Präsident der Republik kann gratis und für ein Mal Bücher und antialkoholisches Unterrichtsmaterial den Primärschulen, den Privat- und Arbeiterschulen zukommen lassen, und mit einem Abzug von fünfzig Prozent auch den Privatschulen sekundären Unterrichtes.

Art. 164. Der Präsident der Republik hat die Ausführungsbestimmungen zu erlassen, die sich darauf beziehen, daß das Studium der Hygiene mit Kenntnissen der Physiologie und Temperenzbewegung ein und einhalbes Jahr nach Verkündung dieses Gesetzes eingerichtet ist.

Art. 165. Der Präsident der Republik hat innerhalb einer Frist von sechs Monaten nach vorherigem Gutachten des Generalstabes der Armee ein Reglement zur Bekämpfung des Alkoholismus in den Heereskörpern zu erlassen.

Ein gleiches Reglement hat er für die Marine zu erlassen nach vorherigem Gutachten der Generaldirektion der Marine.

Endtitel.

Art. 166. Das vorstehende Gesetz beginnt in Kraft zu treten sechzig Tage nach seiner Veröffentlichung im Staatsanzeiger und von diesem Datum ab sind alle früher bestehenden Gesetze über die Materien, die im vorstehenden Gesetz behandelt werden, außer Kraft gesetzt.

Übergangsbestimmungen.

Art. 167. Alkohol, der bei Datum der Veröffentlichung dieses Gesetzes im Staatsanzeiger schon vorhanden war, ist der Abgabe, die in dem Artikel 34 und den folgenden Artikeln festgesetzt wird, nicht unterworfen.

Der Präsident der Republik hat die erforderlichen Maßnahmen anzuordnen, um Gewißheit zu bekommen über den Alkohol, der vor Gültigkeit dieses Gesetzes bereits vorhanden war und Bestimmungen zu treffen für die notwendige Trennung zwischen diesem Alkohol und demjenigen, dessen Herstellung unter Belastung mit der Abgabe begonnen wird, welche in den bereits erwähnten Bestimmungen festgesetzt ist.

Art. 168. Der vorhandene Alkohol früherer Fabrikation, der eine höhere Menge von Unreinigkeiten enthält, als erlaubt ist, darf nicht eher dem Verbrauche übergeben werden, als bis er in Übereinstimmung mit den Vorschriften dieses Gesetzes denaturiert ist.

Art. 169. Der Präsident der Republik wird ermächtigt, während des vorliegenden Jahres, bis zu zwanzigtausend pesos für die Besoldung von Hilfsangestellten auszugeben.

Nach Anhörung des Staatsrates habe ich diese Bestimmungen zu billigen und zu genehmigen für gut befunden; daher sind sie als Gesetz der Republik zu verkünden und in allen Teilen zur Ausführung zu bringen.

Santiago, am 18. Januar 1902.

E. Villegas Jerman Riesco.

No. 18. **Die Norwegische Strafgesetzgebung** vom 22. Mai 1902. 1. Militärstrafgesetz. 2. Gerichtliches Verfahren in Militärstrafsachen. 3. Änderungen im Gesetz über das gerichtliche Verfahren in Strafsachen vom 1. Juli 1887. Übersetzt von Professor Dr. A. Teichmann. 2 M. 50 Pf.

No. 19. **Das Portugiesische Strafgesetzbuch.** Übersetzt von F. Zander. 3 M

No. 20. **Allgemeines bürgerl. Strafgesetz für das Königreich Norwegen** vom 22. Mai 1902. Übersetzt von Dr. Ernst Heinrich Rosenfeld, o. ö. Professor und Andreas Urbye, Staatsanwalt in Tromsö (einzeln nicht mehr erhältlich). 2 M. 50 Pf.

No. 21. **Die Ottomanische Strafprozeßordnung,** veröffentlicht auf Irade vom 5 Redscheb 1296 (25. Juni 1879). Übersetzt von W. Padel, zweitem Dragoman der Kaiserlich Deutschen Botschaft in Konstantinopel. 2 M. 50 Pf.

No. 22. **Dänemark.** I. Interimistisches Gesetz vom 1. April 1905 betr. Änderungen der Strafgesetze (Prügelgesetz). II. Verordnung betr. Körperstrafe und Vollziehung. III. Bekanntmachung vom 6. September 1905 betr. die Durchführung der im interimistischen Gesetze vom 1. April enthaltenen Bestimmung, daß Gefängnisstrafe bei gewöhnlicher Kost mit Arbeitszwang verbunden ist. 60 Pf.

No. 23. **Strafgesetzbuch für das Kaiserlich japanische Reich** vom 23. April 1907. Übersetzt von Dr. jur. Shigema Oba, Kaiserlich japanischer Staatsanwalt. 1 M. 50 Pf.

No. 24. **Das neue russische Strafgesetzbuch** (Ugolovnoje Ulozenje). Allerhöchst bestätigt am 22. März 1903. Aus dem Russischen übersetzt von Dr. O. S. Bernstein. 4 M.

No. 25. **Oesterreichischer Gesetzentwurf,** betr. die strafrechtliche Behandlung und den strafrechtlichen Schutz Jugendlicher. 1907. 2 M. 50 Pf.

No. 26. **Spanisches Strafgesetzbuch.** Vom 17. Juni 1870. Übersetzt von Alfredo Hartwig. 3 M.

No. 27. **Neueste Englische Kriminalpolitik.**
1. Children Act, 1908.
2. Prevention of Crime Act, 1908.
3. Probation of Offenders Act, 1907. 2 M.

No. 28. Vorentwurf zu einem **Schweizerischen Strafgesetzbuch.** (April 1908.) 1 M. 50 Pf.

No. 29. Vorentwurf zu einem **Oesterreichischen Strafgesetzbuch.** September 1909.) 2 M.

No. 30. **Das Ungarische Strafgesetzbuch über Verbrechen und Vergehen** (v. Gesetz. Artikel vom Jahre 1878) mit allen Abänderungen und Ergänzungen einschließlich der Ungarischen Strafgesetznovelle (XXXVI. Gesetzartikel vom Jahre 1908 und den bis 1908 ergangenen strafrechtlichen Nebengesetzen. 2 M. 50 Pf.

No. 31. **Japanisches Militär-Strafgesetzbuch** vom 9. April 1908. Gesetzblatt No. 46. — **Japanische Militär-Strafgerichtsordnung** vom 19. Oktober 1898, Gesetzblatt No. 2. Übersetzt von Remosuke Fujisawa, Berlin-Schöneberg.

No. 32. **Vorentwurf zu einem Strafgesetzbuch für das Königreich Serbien.** Nach der amtlichen Ausgabe des Justizministeriums übersetzt und herausgegeben von Zivko Topalovits aus Belgrad und Hans Landsberg aus Berlin.

No. 33. **Das Alkoholgesetz in Chile** vom 18. Januar 1902. Übersetzt von Alfredo Hartwig.

Druck von Leonhard Simion Nf. in Berlin SW. 48.

FSC
www.fsc.org
MIX
Papier | Fördert gute Waldnutzung
FSC® C083411

Kolibri 360 GmbH
Ferdinand-Jühlke-Straße 7
99095 Erfurt, Deutschland
produktsicherheit@kolibri360.de